Université de France.

ACADÉMIE DE STRASBOURG.

ACTE PUBLIC

SUR

LA DÉLIVRANCE EN MATIÈRE DE VENTE, L'EXÉCUTION DES JUGEMENTS PAR SUITE D'INSTANCE,

ET

LE BILLET A ORDRE,

PRÉSENTÉ ET SOUTENU PUBLIQUEMENT

A LA FACULTÉ DE DROIT DE STRASBOURG,

Le lundi 14 novembre 1836, à midi,

POUR OBTENIR LE GRADE DE LICENCIÉ EN DROIT,

PAR FRANÇOIS-JOSEPH CLAVÉ,

BACHELIER ÈS LETTRES ET EN DROIT.

NÉ A OBERSPECHBACH (DÉPARTEMENT DU HAUT-RHIN).

PRÉSIDENT : M. KERN, Doyen.

EXAMINATEURS { MM. KERN, BLŒCHEL, RAUTER, } Professeurs. BRIFFAULT, Professeur suppléant.

La Faculté n'entend approuver ni désapprouver les opinions particulières au Candidat.

STRASBOURG,

De l'imprimerie de F. G. LEVRAULT, imprimeur de la Faculté de droit.

1836.

A mon Père et à ma Mère.

Reconnaissance sans bornes.

A mes Frères et à ma Belle-Sœur.

Attachement inviolable.

AUX MÂNES DE MON GRAND-PÈRE,

Christophe-Antoine Clavé.

ANCIEN BAILLI, etc.

Regrets éternels.

F. J. CLAVÉ.

DROIT CIVIL.

(Art. 1602 à 1624.)

Des obligations du vendeur.

Le vendeur est tenu de deux obligations principales : celles de délivrer et de garantir la chose qu'il a vendue.

Nous n'avons à nous occuper ici que de la première de ces deux obligations.

De la délivrance.

La délivrance ou tradition est le transport de la chose vendue en la puissance et possession de l'acheteur.

La délivrance s'opère de différentes manières, suivant la nature des choses qui en font l'objet. Les articles 1605, 1606 et 1607 s'occupent des différents modes de délivrance. Les règles concernant la délivrance de la contenance des immeubles sont exposées aux articles 1616 à 1623.

D'après le Droit romain, le consentement des parties ne transférait pas la propriété. Cette translation ne s'opérait que par la tradition, suivant la maxime : *non nudis pactis sed traditione, dominia rerum transferuntur.*

Le Droit français a abrogé cette maxime, en établissant que la propriété de l'objet vendu est acquise à l'acheteur dès qu'on est convenu de la chose et du prix, quoique la chose n'ait point été livrée ni le prix payé.

Cependant les articles 1141, 1585, 1587 et 1588 établissent des exceptions à la règle posée par l'article 1583.

La délivrance doit se faire aux frais du vendeur, c'est une application du principe émis en l'article 1248, aux lieux désignés par les articles 1247 et 1609, au terme convenu, ou, s'il n'en a pas été fixé, en même temps que le paiement.

Cette obligation étant indivisible de sa nature, les héritiers du vendeur doivent se réunir pour la remplir.

Dans le cas d'une vente faite avec obligation de délivrer la chose vendue dans un temps convenu, le vendeur ne reste pas pour cela chargé des risques jusqu'à l'échéance du terme. Ce principe, déjà consacré dans le Droit romain, ressort à plus forte raison de notre Droit, où la simple obligation de délivrer la chose, parfaite par le seul consentement des parties, rend l'acheteur propriétaire, encore que la tradition n'ait pas été faite.

Si l'énonciation du lieu de la délivrance est inexacte ou obscure, la clause s'interprète contre le vendeur conformément à l'article 1602; et dans ce cas le défaut de prendre livraison au temps convenu, peut donner lieu à la résolution du contrat.

S'il y a retard de la part du vendeur à effectuer la délivrance, et si ce retard provient de son fait, l'acheteur peut, à son choix, demander la résolution de la vente ou sa mise en possession.

Cependant il faudrait que le vendeur eût été mis en demeure de délivrer la chose, soit par une sommation ou un autre acte équivalant, soit par l'effet de la convention.

Au surplus, la disposition ci-dessus n'est pas tellement rigoureuse qu'il ne puisse, dans certaines circonstances, être accordé un délai au vendeur. Le vendeur doit être condamné aux dommages et intérêts, s'il résulte un préjudice pour l'acquéreur du défaut de délivrance au terme convenu, lorsque, bien entendu, il ne peut invoquer le cas d'exception prévu par l'article 1148.

L'acquéreur auquel on ne délivre pas les marchandises qui font l'objet du marché, ne peut, en général, exiger qu'on l'autorise à acheter la même quantité de marchandises aux frais du vendeur; il ne lui est dû que des dommages et intérêts. Cependant la jurisprudence a admis que dans les négociations de bourses on pouvait presque toujours lui accorder cette autorisation.

Le vendeur n'est pas tenu de délivrer la chose, si l'acheteur n'a pas payé le prix, à moins que le vendeur ne lui ait accordé un délai pour le paiement.

Et quoiqu'il y ait terme convenu pour le paiement, le vendeur ne peut être contraint de délivrer la chose vendue, si depuis la vente l'acheteur est tombé en faillite ou en déconfiture, de manière qu'il y ait danger éminent pour le vendeur de perdre le prix, à moins que, dans ce cas, l'acheteur ne donne caution pour la sûreté du paiement au terme convenu.

De ces expressions, *si depuis la vente,* on ne doit pas conclure que si l'état de faillite ou de déconfiture était *antérieur* à la vente, le vendeur serait obligé de délivrer, surtout s'il ignorait la position de l'acheteur.

Ces expressions, *en faillite ou déconfiture,* ne sont pas tellement limitatives que le vendeur ne puisse refuser la délivrance que dans les cas qu'elles indiquent; mais dans tous autres où il court risque de perdre le prix, par exemple, quand il acquiert la preuve de l'insuffisance des sûretés fournies pour le paiement.

L'acquéreur qui, pour obtenir la délivrance de la chose vendue qu'on lui refuse injustement, offre de donner caution de payer le prix au terme convenu, peut se rétracter tant que son offre n'a pas été acceptée, encore qu'il ne l'ait faite que sur la demande du vendeur.

Le vendeur doit délivrer la chose vendue dans l'état où elle se trouve au moment de la vente; mais comme la chose vendue est la propriété de l'acheteur dès l'instant où la vente est consommée, les changements qu'elle peut éprouver par des événements étrangers au vendeur pendant le temps intermédiaire entre la vente et la livraison, tournent au profit ou à la perte de l'acquéreur.

D'après ce principe, tous les fruits produits par la chose, depuis la vente, appartiennent à l'acheteur.

Mais on doit appliquer, relativement aux fruits soit naturels, civils ou industriels, les principes établis par les articles 385 et 386 pour l'usufruitier.

De l'obligation de délivrer la chose vendue dans l'état où elle se trouve au moment de la vente, résulte l'obligation de veiller à sa conservation jusqu'au moment de la délivrance, ou au moins jusqu'au moment où le vendeur a mis l'acheteur en demeure de recevoir. Le soin que le vendeur doit apporter à cette conservation est seulement une diligence ordinaire, ce soin qu'un bon père de famille apporte à la conservation de sa propre chose. Si la chose vendue vient à périr ou à se détériorer avant la livraison, c'est pour le compte de l'acquéreur qu'elle périt ou qu'elle se détériore, d'après le principe : *res perit domino*. Cependant, si le vendeur était en demeure de délivrer la chose, elle serait à ses risques, sauf dans le cas exceptionnel prévu par l'article 1302.

L'obligation de délivrer la chose comprend ses accessoires et tout ce qui a été destiné à son usage perpétuel. Ces accessoires, pour ce qui concerne les immeubles et les meubles corporels, sont indiqués et déterminés au titre du Code intitulé : *De la distinction des biens*, et quant aux meubles incorporels, par les articles 1696 et suiv.

PROCÉDURE CIVILE.

(Titre I à V du livre V de la II.ᵉ partie, art. 517 à 544.)

De l'exécution des jugements en général.

L'exécution d'un jugement est l'accomplissement volontaire ou forcé de ce qu'il ordonne : elle est volontaire, lorsque le condamné se conforme aux dispositions du jugement; elle est forcée, lorsqu'elle s'opère au moyen des poursuites et des contraintes exercées par la partie qui a obtenu gain de cause.

On peut considérer l'exécution d'un jugement sous un double rapport :

1.° Lorsqu'un jugement ordonne quelque chose à faire avant l'exécution définitive sur les biens ou la personne du condamné; c'est ce qu'on appelle exécution par *suite d'instance;* elle se fait de cinq manières, dont nous traiterons ici;

2.° Lorsqu'on exécute définitivement le jugement en saisissant les biens meubles et immeubles, et quelquefois en emprisonnant le débiteur.

De l'exécution des jugements par suite d'instance.

CHAPITRE PREMIER.

Des réceptions de cautions.

On appelle caution, celui qui se soumet envers le créancier à satisfaire à une obligation, si le débiteur n'y satisfait pas lui-même.

La loi n'a pu prévoir tous les cas dans lesquels on est obligé de donner caution; elle a dû laisser au juge le soin d'apprécier les circonstances où il y a nécessité d'en fournir; mais, dans tous les cas, lorsqu'il l'ordonne, il doit fixer le délai dans lequel on doit la présenter, l'accepter ou la rejeter.

Pour être recevable, la caution devra être présentée par exploit signifié à la partie, ou par acte d'avoué contenant copie du dépôt au greffe des pièces constatant sa solvabilité, conformément à l'article 2021 du Code civil.

La partie adverse doit prendre communication des titres.

Si la partie adverse accepte la caution, soit expressément, soit tacitement, ou si la caution est admise après contestation, celle-ci fera sa soumission au greffe, qui sera exécutoire sans jugement.

En cas de contestation pour la réception de caution dans le délai fixé, l'audience sera poursuivie sur un simple acte, et l'affaire sera jugée sommairement nonobstant appel.

CHAPITRE II.

De la liquidation des dommages et intérêts.

Les dommages et intérêts sont l'indemnité due à une personne par suite du préjudice qu'on lui a causé; ils s'appliquent non-seulement à la perte qu'elle a soufferte, mais encore à la privation de gain qu'elle n'a pu faire.

Le juge doit, conformément à l'article 128, liquider, autant qu'il lui est possible, les dommages et intérêts dans le jugement même qui condamne à les payer; mais dans le cas où il n'aurait pu le faire, le demandeur doit en établir le montant dans un exploit signifié au défendeur ou à son avoué.

Dans la quinzaine, le défendeur, sous les peines prononcées par l'art. 98, remettra les pièces reçues, conformément à l'art. 523, et dans la huitaine suivante il fera ses offres au demandeur par acte d'avoué, s'il n'acquiesce pas à sa demande, et il sera condamné à payer le montant demandé par ce dernier, s'il n'est pas excessif; si le défendeur acquiesçait à la demande, il faudrait néanmoins rendre un jugement d'expédient. Au cas où les offres faites par le défendeur sont jugées suffisantes, le demandeur sera condamné aux dépens du jour des offres.

CHAPITRE III.

De la liquidation des fruits.

La liquidation des fruits se fait suivant les règles et les formalités des redditions de comptes en justice.

Les articles 547 et suivants, C. civ., indiquent en quoi consistent les fruits, qui composent la recette, et l'article 129, C. de proc., a fixé les bases d'après lesquelles on doit estimer la valeur des fruits à liquider.

D'un autre côté, la dépense consiste dans les frais de travaux, labours et semences faits pour la perception de ces mêmes fruits.

CHAPITRE IV.

De la reddition des comptes.

Toute personne qui a géré les affaires d'un autre, est tenue de lui présenter un état détaillé de ce qu'elle a reçu et dépensé pour lui; c'est ce qu'on appelle rendre compte.

Il y a deux manières de rendre un compte : à l'amiable ou en justice.

Tout compte se rend aux frais de celui à qui il est rendu.

Les articles 527 et 528 désignent le tribunal devant lequel le comptable doit être traduit.

Les articles 531, 532 et 533 indiquent ce que le compte doit contenir et tracent le mode à suivre.

Tout jugement portant condamnation de rendre compte, fixera le délai dans lequel le compte sera rendu, et commettra un juge; un simple particulier ne pourrait être commis.

L'oyant est celui auquel le compte doit être rendu. S'ils sont plusieurs ayant le même intérêt, ils nommeront un seul avoué, sauf le droit qu'a chacun d'eux de se faire assister à ses frais.

C'est au juge commissaire à fixer le délai dans lequel le rendant présentera et affirmera son compte, mais sans serment, l'oyant présent ou dûment appelé. A défaut par lui de le faire dans le délai fixé, et s'il n'a obtenu prorogation, le tribunal l'y contraindra par la vente de ses biens jusqu'à concurrence de la somme qu'il arbitrera, non à titre de dommages-intérêts, mais par provision, imputable en définitif sur le reliquat, et restituable, le cas échéant. Il pourra même être contraint par corps, quoique le compte à l'occasion duquel la contrainte est ordonnée, ne soit pas sujet à cette voie d'exécution.

Au cas contraire, le compte sera signifié à l'oyant et à ses créanciers intervenants, de la manière, dans le délai et sous les peines prononcées par l'article 536; et s'il y a reliquat en faveur de l'oyant, il peut demander exécutoire emportant hypothèque, au commissaire, sans que cet acte entraîne approbation du compte ni pour ni contre le rendant.

Au jour indiqué par le commissaire, les parties ou leurs avoués se présenteront devant lui pour débattre le compte; si les parties ou l'une d'elles ne se présentaient pas, l'affaire serait portée à l'audience sur un simple acte.

Si les parties s'accordent, tout est terminé sans qu'il soit besoin de jugement; au cas contraire, le commissaire ordonnera qu'il en sera fait par lui rapport à l'audience, au jour qu'il indiquera; elles seront tenues de s'y trouver sans sommation.

Dans ce cas, il faut lever le procès-verbal du commissaire; mais il n'est pas nécessaire de le signifier.

Le jugement qui interviendra doit préciser le reliquat actif ou passif, s'il y a lieu.

Ce jugement ne fait qu'un seul et même acte avec le procès-verbal des débats, en sorte que si l'on trouve dans celui-ci les qualités et conclusions des parties, les points de droit et de fait, le vœu de la loi sera suffisamment rempli.

La demande principale en révision de compte est prohibée; seulement les parties ont le droit réciproque de se pourvoir devant les mêmes juges pour faire rectifier les erreurs matérielles.

L'article 542 prévoit le cas où l'oyant lui-même est défaillant.

Observons à cette occasion que la dispense des intérêts dont parle cet article, s'applique aussi au tuteur, nonobstant l'article 474, C. civ.

CHAPITRE V.

De la liquidation des dépens et frais.

La liquidation des dépens et frais d'un procès nécessite deux opérations. La première consiste à examiner si les pièces de la procédure sont autorisées par la loi; la seconde a pour objet d'attribuer à chaque pièce la somme à laquelle elle doit être taxée d'après les règlements.

En matière sommaire, la liquidation est toujours faite par le jugement; dans les autres affaires, elle est faite par le président ou l'un des juges du procès, suivant le mode tracé par le décret du 16 février 1807, d'après le taux fixé par le décret du tarif des frais, du même jour. Ces décrets sont exécutoires, quoiqu'ils n'aient jamais été législativement approuvés.

DROIT COMMERCIAL.

(Art. 187 et 188.)

INTRODUCTION.

Une des plus heureuses et des plus importantes inventions pour le commerce, c'est sans contredit le *contrat de change*.

Cet événement forme, dans l'histoire du commerce, une époque presque comparable à celle de la découverte de la boussole et de l'Amérique.

Introduit pour éviter le transport réel du numéraire, qui, outre les frais et risques, apporterait un retard considérable dans les opérations commerciales, le contrat de change ou plutôt les actes au moyen desquels il revêt une existence légale, remplacent en quelque sorte l'argent monnayé, par la simplicité du mode de leurs transmissions, et les garanties spéciales destinées à en assurer le paiement.

Il est difficile de préciser l'époque à laquelle le contrat de change vint prêter son puissant appui aux transactions commerciales.

Il n'y en a aucun vestige dans le Droit romain; les anciens ne connaissaient d'autre change que celui d'une monnaie contre une autre.

Les papiers de crédit les plus importants et les plus usuels que le commerce emploie, et les seuls dont notre Code se soit occupé, sont *la lettre de change* et *le billet à ordre*.

Le premier monument de notre législation qui fasse mention de la lettre de change, est l'édit de Louis XI, du mois de mars 1462, relatif à la tenue des foires de Lyon.

Jusqu'à l'ordonnance de mars 1673, on ne trouve dans nos lois aucune disposition générale et réglementaire sur cette importante matière; les jurisprudences locales et les usages régissaient ce genre de contrat.

Il y a plus, l'ordonnance de 1673 ne parle point du billet à ordre; on le considérait alors comme une simple obligation civile, soumise à la prescription de trente ans. Le Code de commerce lui a donné un caractère commercial.

Ce Code, disons-le en passant, qui est en vigueur depuis le 1.er janvier 1808, est loin d'offrir le degré de perfection désirable; plusieurs dispositions en sont obscures et insuffisantes; c'est que le moment n'était pas venu encore où le commerce, sorti de ses anciennes limites, devait révéler tous les besoins de sa législation. Aussi le Code de commerce ne répond-il pas aux nécessités actuelles.

Le caractère distinctif de la lettre de change, c'est la *remise de place en place,* c'est-à-dire que la lettre soit tirée d'une place pour être payée dans une autre (art. 110).

La lettre de change, quelle qu'en soit la cause, a le même effet entre toutes les personnes, qu'elles soient commerçantes ou non commerçantes (art. 632).

Le billet à ordre ne soumet à la contrainte par corps et n'est prescriptible par cinq ans, qu'entre les commerçants, les receveurs de deniers publics ou les particuliers qui s'y sont engagés à l'occasion d'opérations de commerce (art. 189 et 638).

C'est à raison de cette différence qu'il importe de distinguer la lettre de change du billet à ordre, puisque, à cela près, ce dernier a la même conséquence dans le commerce; aussi le Code de commerce rend-il applicables au billet à ordre, les dispositions relatives aux lettres de change, et concernant *l'échéance, l'endossement, la solidarité, l'aval, le paiement, le paiement par intervention, le protêt, les devoirs et droits du porteur et le rechange.*

Nous avons à traiter ici du billet à ordre.

On peut définir le billet à ordre, l'acte non solennel par lequel une personne s'oblige à payer une somme déterminée au créancier dénommé, ou à celui qui en sera devenu porteur légitime par l'effet de l'endossement.

Nous avons divisé notre matière en quatre sections.

La première traitera de la forme du billet à ordre;

La seconde, composée de trois chapitres, des contrats accessoires au billet à ordre et des effets communs à tous; savoir :

Le chapitre Ier, de l'aval;

Le chapitre II, de l'endossement;

Le chapitre III, de la solidarité;

La troisième, de l'extinction, par suite de paiement, des obligations résultant du billet à ordre;

Enfin la quatrième, dans trois chapitres, s'occupera des poursuites et recours du porteur en cas de non-paiement :

Le chapitre Ier, du protêt faute de paiement;

Le chapitre II, du recours en garantie;

Enfin le chapitre III, de la retraite.

SECTION PREMIÈRE.

De la forme du billet à ordre.

Le billet à ordre est daté; il énonce la somme à payer, le nom de celui à l'ordre de qui il est souscrit, l'époque à laquelle le paiement doit s'effectuer, la valeur qui a été fournie en espèces, en marchandises, en compte ou de toute autre manière (art. 188).

La formalité de la date est d'une grande importance dans le billet à ordre; elle sert à constater, par exemple, si l'acte est postérieur à la faillite du contractant, par conséquent s'il était en état de s'obliger à l'époque indiquée; cependant le défaut de date n'annulerait pas l'obligation, mais lui ferait perdre sa nature commerciale.

L'article 1328, C. civ., qui veut que les actes sous seing privé ne fassent foi, à l'égard du tiers, que du jour où ils ont acquis date certaine, n'est pas rigoureusement applicable au billet à ordre; mais, d'un autre côté, ces actes ne sont pas authentiques, et dès lors leur date ne fait pas foi jusqu'à inscription de faux (C. cass., 28 juin 1825).

En second lieu, le billet à ordre doit énoncer la somme à payer; cette somme peut s'exprimer en toutes lettres ou en chiffres seulement; et si le billet n'est pas écrit par celui qui l'a signé, c'est une précaution salutaire, qu'il ajoute de sa main, immédiatement avant la signature, *Bon pour la somme de....* (en toutes lettres), et, dans ce cas, si la somme portée dans le corps de l'acte est différente de celle indiquée dans le bon, il faut suivre la règle générale contenue dans l'article 1327, C. civ.

Le billet à ordre, souscrit par un non-commerçant, doit être écrit en entier de sa main ou bien exprimer l'approbation de la somme en toutes lettres.

Il est bien évident que le billet à ordre doit contenir le nom de celui au profit duquel il est souscrit, ainsi que l'indication qu'il est à son ordre. S'il manquait de la première de ces deux énonciations, il n'aurait aucune valeur; à défaut de la seconde, ce ne serait qu'un simple billet, non transmissible par la voie de l'endossement et dont les effets seraient réglés par le Droit civil.

Le billet à ordre doit encore énoncer à quelle époque il est payable : cette époque s'appelle échéance. L'échéance peut être certaine ou incertaine. Elle est certaine, quand elle est définitivement fixée par le souscripteur; elle est incertaine quand elle est payable à vue, à un ou plusieurs jours, ou mois, ou usances de vue.

Les semaines, les mois, les années, sont tels qu'ils sont fixés par le calendrier grégorien. La computation, pour les effets tirés à un ou plusieurs mois de date, se fait d'un quantième au quantième correspondant, sans distinction entre les mois plus longs et ceux moins longs. Ainsi, un effet souscrit le 28 février et payable à quatre mois, écherra le 28 juin et non le 31 juin (C. cass., 17 février 1818); mais lorsqu'un effet, ayant été daté du 31 d'un mois, concorde, pour l'échéance, avec un mois composé seulement de 28, 29 ou 30 jours, il est payable le dernier jour de ce mois. Quand l'effet est payable fin d'un mois, l'échéance est au dernier jour du mois, quel que soit le nombre des jours de ce mois.

On ne doit point compter pour l'échéance le jour *a quo*, à moins d'usage ou de convention contraires; mais le dernier jour convenu est celui de l'échéance, et la totalité de ce dernier jour appartient au débiteur pour se libérer; le créancier ne peut faire d'acte constatant refus que le lendemain de ce jour.

Les usances, en France, sont des séries de trente jours, dont le premier est le lendemain de la date ou de la présentation du billet à ordre.

Enfin le billet à ordre doit exprimer l'espèce de valeur fournie : cette règle est une application du principe que tout engagement doit avoir une cause, et en même temps une dérogation à celui qui en suppose une dans les actes qui n'en expriment pas, jusqu'à la preuve contraire (C. civ., art. 1131 et 1132). Cependant la cause illicite d'un effet de commerce ne pourrait être invoquée contre le tiers porteur de bonne foi (HORSON, *Questions de Droit comm.*).

Cette énonciation de la valeur peut être faite par ces mots : *Valeur reçue comptant*, ou *en marchandises*, ou *en compte*; l'article 188 n'est pas limitatif, mais seulement indicatif, et c'est ainsi qu'il faut entendre les expressions *ou de toute autre manière*, dont la loi se sert. Nul doute que la valeur ne puisse consister en une chose étrangère au commerce, telle que prix d'immeubles, soulte de partage, etc.

Les expressions *valeur en moi-même, valeur entendue, valeur reçue,* sont insuffisantes; il vaut mieux, quand on ne peut indiquer la valeur reçue avec précision, user de la formule légale *valeur en compte.*

Ici il convient d'observer que le Code n'exige pas l'indication du lieu où la somme est payable. D'après l'article 1247, C. civ., le paiement doit se faire au domicile du débiteur; lors donc que le billet à ordre ne contiendra aucune convention à cet égard, ce sera au domicile du souscripteur qu'il sera payable.

Souvent cependant les billets à ordre contiennent élection de domicile pour le paiement; on les appelle alors *billets à domicile*. Dans ce cas, si le souscripteur a reçu la valeur du titre dans un lieu, et qu'il se soit obligé de la faire compter à l'échéance dans un autre lieu, il y a opération de change, par conséquent ces billets participent de la lettre de change. Ainsi le souscripteur même non commerçant serait, à défaut de paiement, passible de la contrainte par corps (C. Montpellier, 4 juillet 1828).

Observons enfin que rien n'empêche de donner à cette espèce d'engagement la forme notariée.

SECTION II.

Des contrats accessoires au billet à ordre, et des effets communs à tous.

CHAPITRE PREMIER.

De l'aval.

Le paiement d'un billet à ordre peut être garanti par un *aval* fourni par un tiers (art. 141).

L'aval est un cautionnement donné par une personne qui n'a ni souscrit ni endossé un billet; ainsi il faut avoir été étranger au contrat, parce qu'on ne peut se cautionner soi-même.

L'aval n'est assujetti par le Code à aucune forme précise, il suffit qu'il soit écrit : cette condition est de rigueur; on ne serait donc point reçu à prouver par témoins un engagement verbal de ce genre. Ainsi une simple lettre peut contenir un aval : une signature seule, ajoutée à celle du souscripteur ou d'un endosseur, suffirait; à plus forte raison ces mots *pour aval,* suivis de la signature (C. cass.,

3o mars 1819). C'est aux tribunaux à juger de la valeur de ceux qui sont contestés; la plus grande latitude leur est laissée à cet égard.

L'aval peut être donné sur le billet même dont il s'agit d'assurer le paiement. Il peut aussi être fait par acte séparé; dans ce dernier cas, rien n'empêche de le passer par-devant notaire : cette forme devient même nécessaire lorsque le donneur d'aval ne sait pas signer, ou bien lorsqu'il fournit une garantie hypothécaire à la sûreté de son engagement; et le porteur, en vertu de l'endossement, est saisi du droit hypothécaire, sans cession particulière ni signification au débiteur.

Il n'est pas de rigueur que l'aval soit daté; cependant il serait prudent de le faire pour apprécier, en cas de faillite du donneur d'aval, la valeur de son engagement.

L'aval donné par un individu non commerçant n'a pas besoin, pour être valable, d'être revêtu des formalités prescrites par l'article 1326 du Code civil, sur le *bon pour* et l'*approuvé* en toutes lettres.

L'aval peut être fourni pour garantir la signature du souscripteur ou celle d'un des endosseurs.

Il participe de l'obligation pour laquelle il est fourni; il donne par conséquent des droits et impose des obligations analogues.

Ainsi le garant par aval du souscripteur du billet ne peut se prévaloir du défaut de protêt à l'échéance, ou du défaut de signification du protêt dans le délai fixé par l'article 165, pour écarter l'action en garantie dirigée contre lui (C. cass., 26 janvier 1818 et 3o mars 1819).

Ainsi encore un donneur d'aval non négociant, qui garantit sur un billet la signature d'un négociant, est soumis à la contrainte par corps.

Du reste, cet engagement est susceptible des limitations dont les parties conviennent; c'est une conséquence de l'article 2013 du Code civil (art. 142).

Ainsi celui qui le signe peut déclarer qu'il se réserve de n'être pas contraignable par corps; il peut étendre son obligation à plusieurs billets; il peut ne garantir un billet que pour certains cas.

On peut le fournir par avance, pour des opérations futures, pour des sommes illimitées.

CHAPITRE II.

De l'endossement.

Le contrat de change, avons-nous dit, a affranchi en quelque sorte les capitaux mobiliers, en facilitant leur mouvement et leur disposition. Néanmoins il n'aurait rempli qu'imparfaitement le but qu'on s'est proposé, si, aux échéances des titres de commerce, ceux au profit desquels ils sont souscrits, étaient obligés de se présenter eux-mêmes au lieu où la somme est payable, s'ils ne pouvaient ni transporter leurs droits, ni charger un tiers de les représenter.

En règle générale, la propriété d'une créance se transmet par un transport en forme synallagmatique, qui ne saisit le cessionnaire, à l'égard des tiers, que sous la condition d'une signification préalable au débiteur (C. civ., art. 1689 et suivants).

C'est donc par une dérogation spéciale à ce principe, et dans la vue de favoriser la négociation des effets de commerce, que le législateur a autorisé pour ces effets la cession par la voie d'un simple endossement, qui transporte la propriété du billet tant à l'égard du cédant qu'à l'égard du cédé et de leurs répondants, auxquels il n'est pas besoin de signifier ce transport (art. 136). Mais cette dérogation ne doit-elle pas être restreinte à la période de temps qui précède l'échéance de l'effet? Nous ne le pensons pas. Savary, Pardessus et Delvincourt sont d'une opinion contraire. Il n'y a point de disposition dans la loi qui prononce formellement qu'un effet de nature négociable cesse de l'être après l'échéance; et quand bien même le souscripteur fournirait la preuve, qu'avant l'endossement du billet il en avait payé le montant, il serait néanmoins tenu de satisfaire le porteur, sauf son recours contre le cédant.

On distingue deux espèces d'endossement : *l'endossement régulier* et *l'endossement irrégulier.*

§. 1.er *De l'endossement régulier.*

L'endossement régulier transfère seul la propriété (art. 136).

Il est daté; il exprime la valeur fournie; il énonce le nom de celui à l'ordre duquel il est passé (art. 137).

La formalité de la date est aussi importante dans l'endossement que dans le corps de l'effet. La fidélité en est garantie, autant que possible, par la disposition rigoureuse de l'article 139 du Code, portant qu'il est défendu d'antidater les ordres, à peine de faux.

Cependant il ne faut pas entendre cet article avec une trop grande rigueur; la loi n'a évidemment pour but que de punir le faux commis avec intention de nuire.

En second lieu, l'endossement doit exprimer l'espèce de la valeur fournie. Nous avons déjà traité, dans la section qui précède, de cette matière; nous y renvoyons.

On peut céder un billet moyennant une valeur convenue, soit pour s'acquitter d'une dette, soit même à titre gratuit : cette cession peut être totale ou partielle.

Enfin, l'endossement doit indiquer le nom de celui à l'ordre duquel l'effet est passé; en d'autres termes, il doit contenir l'énonciation du nom de celui en faveur de qui la cession est faite, et la *déclaration* qu'il est à l'ordre de cette personne.

Car l'omission de l'ordre dans les endossements réguliers est une restriction dans les droits du porteur, qui n'en pourrait faire la négociation.

Quoique le Code n'en parle pas, cependant une des conditions essentielles à l'endossement, c'est qu'il soit écrit sur le billet même.

Si la multiplicité des endossements remplissait le papier dans son entier, on en ajouterait un autre sous le nom d'*allonge*, pour recevoir les négociations ultérieures; l'usage seul peut déterminer les précautions à prendre pour éviter les abus.

Cependant rien n'empêche de céder des billets par cession séparée; mais un pareil acte, même avec date certaine et signifié au débiteur, ne pourrait être opposé à celui qui se présenterait, à l'échéance, porteur du billet en vertu d'un endossement, quoique d'une date postérieure; sauf le recours du cessionnaire contre le cédant.

Une obligation notariée peut bien être transférée par voie d'endossement; mais cet endossement n'est qu'une cession civile, et n'en produit que les effets (C. de Lyon, 26 août 1818).

Quoique la loi dise que l'endossement régulier transmette la propriété du titre, cependant la régularité de l'endos ne constitue pas toujours un droit inattaquable pour celui qui le possède.

Un endosseur peut, après avoir signé son endossement qui n'a pas été accepté, l'effacer et redevenir ainsi, sans autre formalité, propriétaire de son billet.

§. 2. *De l'endossement irrégulier.*

Tout endossement qui n'est pas revêtu des formes prescrites par l'article 137, n'est pas un transport, mais bien une simple procuration : on l'appelle en doctrine un *endossement irrégulier* (art. 138).

Ainsi, par exemple, l'endossement qui n'exprime point en quoi la valeur a été fournie ou qui est revêtu d'une date évidemment fausse, ne vaut que comme procuration et ne transmet point de propriété (C. de Liége, 13 décembre 1810; C. de Paris, 3 nivôse an X).

De ce que l'endossement irrégulier est une procuration, il s'ensuit qu'étant indéfinie, le mandataire peut aussi bien négocier et aliéner que recevoir ou poursuivre le débiteur, à moins que le mandat n'ait été limité au simple droit de recevoir, ce qui s'exprime souvent par ces mots : *valeur en recouvrement,* quoiqu'il soit plus rationnel de dire : *payez pour moi à...;* dans l'hypothèse contraire, s'il cède par un endos régulier, il transfère légitimement la propriété. Mais d'un autre côté le porteur d'un endos irrégulier est comptable envers son mandant du montant qu'il a recouvré, sauf son recours. Et comme le mandat est de sa nature révocable, le mandant peut redemander son effet tant qu'il est entre les mains de son mandataire, et ce dernier est exposé à se voir opposer toutes les exceptions qui pourraient être invoquées contre son mandant.

Le porteur d'un endossement irrégulier, s'il justifie qu'il a fourni la valeur à son endosseur, doit être considéré comme légitime propriétaire, et les exceptions qui ne lui sont pas personnelles ne peuvent l'atteindre. La preuve de la valeur fournie se fait d'après les dispositions de l'article 109.

C'est ainsi que la Cour de cassation, dans une affaire où il s'agissait d'un créancier qui réclamait dans une faillite l'admission d'effets dont il était porteur, en vertu d'endossements irréguliers, et qui justifiait par pièces accessoires que la valeur en avait été réellement fournie par lui, a jugé que ces effets étaient réellement la propriété du porteur (10 mars 1824). Elle a jugé le contraire par son arrêt du 22 avril 1828; et VINCENS, dans son Exposition raisonnée de la législation commerciale, enseigne cette dernière doctrine.

On peut aussi endosser un effet par une simple signature donnée en blanc. Ce mode diffère des autres modes irréguliers, principalement en ce que le porteur d'un tel endossement est maître de remplir l'endos à son profit, et qu'alors il devient propriétaire; car il n'importe de quelle main l'endossement soit rempli.

Mais aussi, s'il n'avait usé de cette faculté avant la faillite du signataire, il n'en serait plus temps; car le mandat cesse par la faillite du constituant. Cependant cette faculté, que l'intérêt du commerce a dû faire admettre, ne peut être un moyen de fraude; on pourrait donc faire punir, comme ayant abusé d'un blanc seing, celui qui a rempli l'endossement à son profit sans y avoir droit.

Mais de ce qu'on peut remplir un endossement donné en blanc, il ne s'ensuit pas qu'on puisse corriger un endossement auquel il manquerait la date ou la mention de la valeur.

Le porteur d'un effet de commerce endossé en blanc, peut, par un ordre régulier, transmettre la propriété à un tiers (C. de cass., 17 août 1807); mais il ne peut en poursuivre en justice le paiement en son nom, parce qu'en France nul ne peut plaider par procureur (C. de Rouen, 28 mars 1809).

Enfin, plusieurs endossements irréguliers ne seraient que des substitutions de la procuration primitive, et la propriété de l'effet appartiendrait encore à celui qui serait nommé dans le dernier endossement régulier.

CHAPITRE III.

De la solidarité.

Contrairement au principe posé en l'article 1202 du Code civil, qui porte que la solidarité ne se présume pas, le Code de commerce, par un privilége spécial, établit que tous ceux qui ont souscrit, garanti ou endossé un billet à ordre, sont tenus à la garantie solidaire envers le porteur (art. 140).

Il y a une exception à faire à l'égard de l'endosseur qui n'aurait transmis à son cessionnaire qu'avec la stipulation expresse sur le titre même qu'il ne se soumettait pas à la solidarité.

Ainsi l'endosseur d'un billet est obligé solidairement envers le tiers porteur au paiement intégral, et il ne peut, en général, être considéré comme caution du souscripteur; de telle sorte que le porteur peut faire à ce dernier remise partielle de la dette et même de la contrainte par corps, sans pour cela libérer l'endosseur, lorsqu'il s'est réservé ses droits contre lui (art. 1285 du Code civ.; C. de cass., 11 février 1817).

SECTION III.

De l'extinction des obligations résultant du billet à ordre.

Les obligations qui naissent d'un billet à ordre s'éteignent de la même manière que toutes les autres dettes. Nous ne parlerons ici que d'un seul mode d'extinction du *paiement;* et nous distinguerons le paiement *direct* et le paiement par *intervention.*

§. 1.er *Du paiement direct.*

Nous appelons paiement direct, celui qui est fait par un des coobligés.

C'est à son échéance que le billet à ordre doit être acquitté et que le porteur doit en exiger le paiement.

Le débiteur a tout le jour de l'échéance pour s'exécuter, et puisque le porteur ne peut faire protester que le lendemain, la présentation peut ne se faire qu'à ce dernier jour; et en cas de refus, on proteste à l'instant. Mais il serait déchu de son recours contre les endosseurs, au cas où le souscripteur serait tombé en faillite le jour du protêt, c'est-à-dire le lendemain de l'échéance.

Par exception au principe ci-dessus établi, le billet à ordre échu un jour férié légal, est payable la veille; mais le débiteur ne peut être poursuivi que le lendemain de cette fête (art. 134).

D'un autre côté, le débiteur tombé en faillite perd le bénéfice du terme, conformément aux articles 1188 du Code civil et 448 du Code de commerce.

C'est une question de savoir si l'expression de *jour férié légal,* dont se sert la loi, doit s'entendre de tout jour où, par suite d'une solennité reconnue par l'autorité, les caisses publiques, la bourse, les tribunaux, sont fermés : nous tenons l'affirmative.

Les billets souscrits dans le continent et les îles de l'Europe et payables dans les possessions européennes de la France, doivent être présentés au paiement s'ils sont à vue, et au visa du souscripteur, s'ils sont à un ou plusieurs jours ou mois ou usances de vue, dans les six mois de leur date, sous la déchéance prononcée par l'article 168.

La loi du 19 mars 1817 a rendu communes ces dispositions de l'article 160 aux billets souscrits en France et dans les possessions ou établissements français et payables dans les pays étrangers, et a modifié cet article, en ajoutant que les dispositions y contenues ne préjudicieront néanmoins pas aux stipulations contraires qui pourraient intervenir entre le souscripteur et les endosseurs.

Le porteur d'un billet à vue conserve toujours, malgré la présentation infructueusement faite, la faculté de ne faire protester qu'à l'expiration des délais fixés par l'article 160.

Il en serait autrement, si le billet était payable à tant de mois, de jours ou d'usances de vue; le visa du souscripteur en déterminerait rigoureusement l'échéance, et le porteur ne serait plus le maître de la reculer.

Celui qui paie un billet à ordre avant son échéance, courrait les risques de l'invalidité du paiement, si quelque opposition fondée était faite entre ses mains (art. 144).

De sorte qu'un débiteur qui voudrait retirer un billet à ordre de la circulation avant le terme de l'échéance, devrait se le faire céder par la voie de l'endossement.

L'article 146 du Code de commerce a consacré le principe de l'article 1187 du Code civil, d'après lequel le terme est toujours présumé stipulé en faveur du débiteur, à moins qu'il ne résulte des circonstances ou de la stipulation, qu'il ait été aussi convenu en faveur du créancier. La stipulation de l'époque dans un billet à ordre est tout aussi bien faite en faveur du créancier qu'en faveur du débiteur ; car s'il peut convenir à celui-ci de payer avant le terme, il est possible qu'il importe à celui-là de ne recevoir qu'à une époque fixée, dans un lieu convenu et pour le moment où la somme lui sera nécessaire.

Dans le Droit commun, le paiement régulièrement fait libère le débiteur (C. civ., art. 1239); il y a plus, la remise volontaire du titre original faite par le créancier au débiteur, fait preuve de la libération (C. civ., art. 1282).

La loi n'a pas admis pour les effets de commerce un principe aussi formel en apparence, et le paiement fait à l'échéance n'établit qu'une présomption de *libération*, encore faut-il qu'il soit fait sans opposition (art. 145).

Ainsi, le souscripteur d'un billet à ordre qui détient le titre qu'il avait souscrit, peut être présumé valablement libéré.

Les procès-verbaux du Conseil d'État nous apprennent que la rédaction de l'article 145 du Code commercial a été ainsi arrêté a dessein. On a voulu, par là, laisser les juges maîtres absolus de l'appréciation des circonstances qui ont pu accompagner le paiement.

Le paiement ne peut être requis que par celui au profit duquel le billet a été souscrit, ou, lorsqu'il s'en est dessaisi, par celui au nom de qui est le dernier endossement.

Peu importe d'ailleurs, pour la libération du débiteur, que le billet ait été transmis au porteur par un endossement régulier ou irrégulier; au premier cas il reçoit comme propriétaire, au second comme mandataire.

Mais s'il se trouvait une interruption dans la série des endossements, le débiteur pourrait se refuser de payer.

Quel serait le sort d'un paiement fait sur un faux acquit? DUPUIS DE LA SERRA, SCHACCHIA, SAVARY, POTHIER, JOUSSE, enseignent qu'il serait nul. Nous pensons, au contraire, avec BORNIER, que c'est aux tribunaux à prononcer; seulement comme la loi est favorable à la libération et que la mauvaise foi ne se présume pas, on a admis en principe que le paiement établit la libération; c'est à celui qui veut contester la validité de ce paiement, de prouver la mauvaise foi du débiteur, sa collusion ou sa négligence inexcusable.

Un billet doit être payé dans la monnaie qu'il indique : cette disposition découle de ce principe du Droit civil, que le créancier ne peut être contraint de recevoir une autre chose que celle qui lui est due (C. civ., art. 1243).

Cependant le billet stipulé, payable en monnaie étrangère, peut être payé au cours du jour de l'échéance, en monnaie du lieu où le paiement sera exigible.

Il y a plus, il nous semble que, si la loi établissait un papier-monnaie qui eût cours légal, on pourrait valablement acquitter un billet de cette manière.

Le créancier n'est pas tenu d'accepter d'à-comptes; s'il y consent, il conserve le billet entre ses mains, afin d'agir contre le souscripteur et les endosseurs pour le surplus; mais il est tenu de donner quittance pour ce qu'il a reçu.

La loi a, par des dispositions expresses, défendu aux juges d'accorder aucuns délais, et en même temps abrogé ceux de faveur ou d'habitude, qui étaient en usage, pour le paiement des billets à ordre (art. 135 et 157).

Il existait avant le Code certains délais au delà de l'échéance, qui permettaient au souscripteur de suspendre le paiement pendant un certain nombre de jours, ou accordaient au porteur la faculté de retarder le protêt, sans préjudice à ses sûretés. L'ordonnance de 1673 admettait dix jours de grâce; mais dans quelques localités ils allaient jusqu'à trente.

Les délais de grâce n'offraient aucun avantage, puisque le billet, n'étant présenté que le dernier jour, devait être payé ou protesté ce jour-là même : il y avait exception pour les billets payables à un jour déterminé.

Le Code a amélioré la législation de l'ordonnance de 1673, en abrogeant ces délais de grâce et en ne comprenant pas le jour de l'échéance dans le délai accordé pour faire le protêt; de sorte que le billet présenté régulièrement à l'échéance, doit être acquitté sans excuse ni délai.

Le souscripteur ne peut être empêché de se libérer que par une opposition qui lui aurait été notifiée; elle ne peut avoir lieu que dans deux cas : celui de la perte du billet et celui de la faillite du porteur (art. 150).

Ainsi, une saisie pratiquée par un tiers-créancier sur la personne au profit de laquelle le billet avait originairement été souscrit, ne peut empêcher le remboursement qui doit être fait au porteur (C. de Bruxelles, 10 mai 1808).

La loi a dû prévoir le cas où le porteur, ayant égaré ou perdu son billet, ne peut le présenter pour en obtenir le paiement.

Nous allons nous occuper ici de cette circonstance.

Observons d'abord que, malgré la généralité de l'article 187 du Code, il est bien évident que les dispositions des articles 147 et suivants, pour ce qui concerne les duplicata d'une lettre de change, ne sont pas applicables au billet à ordre. En cas de perte d'un effet de cette espèce, il faut donc s'adresser au juge, qui, conformément à l'article 152, ordonnera le paiement, en justifiant de la propriété par livres et en donnant caution.

Les expressions du Code, *par ses livres,* ne sont pas tellement limitatives que les juges ne puissent admettre d'autres preuves; par exemple, la correspondance. Le juge, en cette matière, est investi d'un pouvoir discrétionnaire, car il peut refuser l'ordonnance qu'on lui demande.

En cas de refus de paiement sur la demande formée par le propriétaire, celui-ci conserve tous ses droits par un acte de protestation, fait le lendemain de l'échéance du billet perdu.

Lorsque, par impossibilité, il n'y a pas eu de demande formée par le propriétaire, par exemple, en cas de perte de l'effet au moment de l'échéance, sera-t-il déchu de ses droits contre les endosseurs pour n'avoir pas rempli une formalité qu'il lui était impossible d'accomplir? Non. Les déchéances sont de droit étroit, elles ne se suppléent pas, et le Code n'en prononce pas pour le cas particulier (Cour de cass., 10 décembre 1828; voyez deux arrêts contraires à cette doctrine: C. de Lyon, 15 mars 1826; Cour de cass., 3 mars 1834).

Il suffira donc que le propriétaire fasse, à l'échéance, l'acte de protestation dont parle l'article 153, et ensuite se pourvoie pour faire reconnaître sa propriété et admettre caution; mais il supportera les conséquences, comme par exemple, si entre l'acte de protestation et la demande régularisée en justice le souscripteur devient insolvable.

L'acte de protestation n'est pas la même chose que le protêt proprement dit, quoiqu'il doive être fait aux personnes dans les formes et délais prescrits pour la notification de ce dernier acte (art. 153). Le protêt doit faire mention de la présentation du titre au débiteur; l'acte dont nous nous occupons est une déclaration que le titre est adiré, avec mise en demeure de payer nonobstant cette perte.

L'engagement de la caution que le propriétaire d'un billet égaré doit fournir, est éteint après trois ans, si pendant ce temps il n'y a eu ni demande ni poursuite juridique (art. 155).

L'objet de cette caution est de garantir le montant du billet à celui qui viendra le réclamer, en prouvant qu'il en était le légitime propriétaire; car celui qui a payé en vertu de l'ordonnance du juge, est valablement libéré.

Il est assez singulier d'observer à cet égard qu'en général le souscripteur d'un billet n'est censé libéré qu'après cinq ans, et cependant, si le billet est perdu, obligé de payer sous caution, cette caution ne le garantit que pour trois ans (art. 155 et 189).

§. 2. *Du paiement par intervention.*

Le souscripteur d'un billet n'est pas la seule personne qui puisse valablement l'acquitter. Les endosseurs, donneurs d'aval, peuvent aussi en effectuer le paiement; ils doivent cependant attendre que le refus du débiteur principal soit constaté.

Il y a plus, toute personne, quoique non obligée ou garant du paiement, peut le faire pour le compte du souscripteur ou l'un des endosseurs. Il est bien évident que celui qui a souscrit le billet ne peut payer par intervention.

Ce paiement, qui est moins un mode d'extinction de la dette qu'un mode de transport, s'appelle *paiement par intervention;* il n'oblige le porteur à d'autre garantie qu'à celle qui naîtrait de son fait, conformément aux dispositions du C. civ. (art. 1693 et suivants).

Le paiement par intervention ne dispense pas du protêt, il doit même être constaté dans l'acte de protêt ou à sa suite; si l'intervenant payait sans protêt, il ne serait pas substitué aux droits du porteur, il serait considéré comme simple mandataire du souscripteur et n'aurait de recours que contre lui.

Celui qui paie par intervention pour le souscripteur et moyennant protêt, libère tous les coobligés postérieurs à celui pour qui il paie; s'il paie pour un endosseur, celui-là et ceux qui le précèdent sont seuls obligés envers lui.

Favorable au principe de la libération, la loi décide qu'entre plusieurs personnes qui veulent payer par intervention, celle-là doit être préférée qui en opère davantage.

Si l'intervenant ne déclare pas pour qui il paie, il est réputé avoir voulu acquérir les droits du porteur contre tous les signataires.

L'intervenant peut recourir contre eux, bien qu'il n'en ait reçu aucun ordre et ne leur ait donné aucun avis particulier de ce paiement.

Les délais pour la dénonciation du protêt et des poursuites à exercer, doivent être aussi rigoureusement observés que si l'intervenant était porteur lui-même; mais il n'est pas nécessaire qu'il fasse signifier son intervention.

SECTION IV.

Des poursuites et retour du porteur en cas de non-paiement.

CHAPITRE PREMIER.

Du protêt faute de paiement.

Lorsque le débiteur refuse de payer le billet à ordre qui lui est régulièrement présenté à l'échéance, le porteur doit faire constater ce refus le lendemain par un acte que l'on nomme *protêt faute de paiement.* Cet acte ne peut être fait que le lendemain : il serait nul, s'il était fait le jour de l'échéance (Cour d'Agen, 2 avril 1824).

Le protêt faute de paiement est donc l'acte authentique par lequel le porteur du billet à ordre fait constater juridiquement le refus de payer du souscripteur.

Il est nécessaire que le refus de paiement de la part du débiteur principal soit constaté, quelle qu'en soit la cause, décès, absence ou faillite; nul acte ne peut le suppléer, hors le cas de la perte du billet.

L'acte de protêt se fait à la requête du porteur, même lorsque l'effet ne lui a été transmis que par un endossement irrégulier.

Il peut être fait par le ministère d'un notaire ou d'un huissier. L'uságe est presque constant de n'employer à cette espèce d'acte que ces derniers officiers.

L'officier instrumentaire doit se présenter en personne pour recevoir le paiement ou constater le refus; par conséquent il doit être porteur de l'effet.

Par exception au principe posé par l'art. 162, en cas de faillite du souscripteur avant l'échéance, le porteur peut faire protester dès qu'il en a la certitude, et exercer son recours comme si le billet était échu.

L'article 163 n'a prévu que le cas de faillite du souscripteur; il ne s'est point occupé des endosseurs; mais l'article 448 a suppléé à cette lacune.

Cette faculté de protester avant l'échéance n'est point obligatoire pour le porteur; il peut attendre le terme, à son gré. Après le premier protêt, il peut aussi en faire faire un second à l'échéance, et le terme fatal pour exercer son recours, ne court qu'après le second.

Peu importe que le jour de l'échéance soit un jour férié. Mais si un ou plusieurs jours fériés suivaient celui de l'échéance, le billet ne pourrait être protesté que le premier jour non férié.

Lorsqu'un billet est transmis si tard que le porteur n'a plus le temps nécessaire pour le faire protester, il n'a de recours que contre son endosseur; les autres intéressés peuvent invoquer le défaut de protêt en temps utile. Il en serait autrement si, par force majeure, le billet n'avait pu être protesté. C'est aux tribunaux qu'il appartient de juger des circonstances qui donnent lieu à cette exception (C. cass., 28 mars 1810).

Le protêt doit être fait au domicile du souscripteur, ou à son dernier domicile connu et au domicile des personnes indiquées par le billet pour le payer au besoin.

Si l'officier n'a pas le temps de remplir ces différentes formalités le même jour, il peut, en le mentionnant dans son protêt, continuer le lendemain.

En cas de fausse indication du domicile, le protêt est précédé d'un acte de perquisition.

Il en serait de même si le billet indiquait un lieu inconnu, un lieu dont le nom fût commun à d'autres lieux, un nom commun à plusieurs personnes.

Le droit d'indiquer un *besoin* chez un tiers n'est pas réservé au souscripteur seul : il appartient à tous les endosseurs successifs. Cette doctrine est enseignée par DALLOZ (Jurisp. générale du royaume); cependant la Cour de cassation a proclamé le principe contraire dans les motifs d'un arrêt rendu le 24 mars 1829.

Si l'un de ces derniers indiquait un besoin chez lui-même, le porteur serait tenu d'y faire présenter et protester le titre à l'échéance (Trib. de comm. du Hâvre, 12 mai 1829; *idem* de Falaise, 25 novembre 1834; *idem* de Paris, 9 juin 1836).

Remarquons ici qu'ordinairement les indications au besoin pour le remboursement, se mettent par simple mention, sans signature au bas des effets. Cet usage peut faire naître bien des difficultés et des abus.

L'article 174 énonce ce que l'acte de protêt doit contenir.

L'importance des protêts est si grande, que le législateur a dû prendre tous les moyens pour en constater l'existence : l'article 176 s'occupe de cet objet.

Il n'est pas douteux que le porteur d'un billet ne puisse être dispensé de faire le protêt, à défaut de paiement à l'échéance; mais il faut que cette convention, comme toutes celles qui sont dérogatoires à la loi, soit clairement exprimée.

Ainsi nous pensons que cette annotation au bas des effets, *retour sans frais* ou *sans protêt*, fréquente dans le commerce, et qui signifie que le porteur ne doit pas lever de protêt, mais faire connaître amiablement et sans frais le défaut de paiement, est obligatoire; cependant il serait plus prudent de l'insérer, soit dans le corps du billet, soit dans le corps de l'endossement, car la manière généralement adoptée à cet égard peut occasionner de graves et fréquentes contestations.

Un billet à ordre étant censé fait dans le lieu où il est payable, c'est la loi en vigueur dans ce lieu et les usages qui régissent la forme du protêt et le temps dans lequel il doit être fait (C. cass., 18 brumaire an XI).

Ce qu'il est important d'observer, c'est que, quand bien même le protêt ou sa dénonciation n'auraient été faits qu'après les délais de la loi, les endosseurs seuls sont libérés, tandis que le souscripteur continue à être responsable (art. 170).

CHAPITRE II.

Du recours en garantie.

La condition du protêt accomplie, le porteur peut excercer son action en garantie, soit individuellement contre le souscripteur, ou chacun des endosseurs, ou collectivement contre tous.

L'article 165 détermine les délais dans lesquels le porteur doit faire notifier le protêt et citer en jugement pour le cas où il exerce le recours individuellement contre son cédant.

Les dispositions de l'article 166 sont également applicables aux billets souscrits en France et payables hors du territoire continental de la France.

Aussi longtemps que les délais durent, le porteur peut attaquer qui il veut et dans l'ordre direct ou inverse indifféremment.

Si le porteur exerce son recours collectivement contre les endosseurs et le souscripteur, il jouit, à l'égard de chacun d'eux, du délai déterminé par les articles 165 et 166, et la notification dont parle l'article 165 est également exigée, ainsi que la citation, malgré le silence de l'article 167.

Le tribunal où l'on assigne est, au choix du demandeur, celui du lieu où l'effet était payable, ou celui du domicile de l'un des coobligés.

L'assignation commune se donne au terme propre à la distance du défendeur le plus éloigné. La notification du protêt et l'assignation peuvent avoir lieu par le même acte.

La notification du protêt doit en contenir la copie exacte; elle se fait par exploit d'huissier.

Lorsque le porteur n'a pas exercé les poursuites pour l'action en garantie dans les délais prescrits, il est déchu de tous ses droits contre les endosseurs; il ne lui reste d'action que contre celui qui a souscrit le billet; mais il n'est pas tenu, sous peine de déchéance, de prendre jugement sur la dénonciation du protêt, seulement il doit avoir soin de ne pas laisser périr l'instance (C. Pr. 397, 401).

Les endosseurs attaqués recourent par les mêmes voies que le porteur à leurs endosseurs précédents et jusqu'au souscripteur, soit qu'ayant remboursé le protêt ils deviennent porteurs à leur tour (ce qu'ils doivent justifier), soit qu'aussitôt assignés ils citent leurs cédants pour les faire condamner à les indemniser.

Les endosseurs peuvent, comme le porteur, poursuivre individuellement ou collectivement leurs cédants.

Chacun d'eux jouit, pour cet effet, des mêmes délais que le premier porteur et à partir du lendemain de la date de la citation qui lui a été donnée pour le poursuivre.

Il est bien évident, quoique le Code n'en parle pas, que les délais de la poursuite courent à partir du lendemain du jour du paiement que l'endosseur aurait fait volontairement.

Et si le porteur ou l'un des endosseurs qui a payé accepte un nouveau règlement, en se réservant ses droits, il peut reprendre les poursuites envers les divers obligés, si les nouveaux titres ne sont pas payés, en d'autres termes, une opération de cette nature n'entraîne pas novation (C. de Paris, 28 janvier 1827).

Du principe que les juges ne peuvent accorder aucun délai pour le paiement d'un billet à ordre, il résulte qu'ils devront condamner d'abord le coobligé, quoiqu'il ait demandé à mettre garant en cause, seulement ils lui réserveront le droit de faire juger la garantie qu'il réclame.

Les endosseurs sont soumis aux mêmes déchéances que le porteur.

Les effets de cette déchéance cessent dans le cas exceptionnel prévu par l'article 171.

Enfin, le porteur d'un billet protesté faute de paiement, outre son action en garantie, peut, en obtenant la permission du juge, saisir, par mesure conservatoire, les effets mobiliers du souscripteur, et des endosseurs. L'endosseur qui a remboursé doit jouir de la même faculté (art. 172).

CHAPITRE III.

De la retraite.

Nous arrivons à l'une des matières les plus abstraites et les plus difficiles du Code de commerce, la *retraite;* nous regrettons de ne pouvoir que l'effleurer.

Lorsque le porteur, au lieu d'assigner le souscripteur pour obtenir contre lui condamnation et contrainte par corps, préfère prendre une voie plus expéditive, il a la voie de la retraite.

La retraite est une lettre de change que le porteur a droit de tirer du lieu dans lequel le billet protesté était payable, sur le souscripteur, ou l'un des endosseurs, pour se rembourser du principal du billet protesté, de ses frais et de l'indemnité qu'il paie à celui qui lui en compte le montant en monnaie effective, d'après le cours. Cette indemnité s'appelle le *rechange*.

Les articles 184 et 185 règlent à partir de quelle époque les intérêts de ces sommes et frais sont dus. Ces sommes et frais se portent sur un compte annexé au billet et au protêt, appelé *compte de retour*.

Il énonce le nom de celui sur qui la retraite est faite et le prix du change auquel elle est négociée.

Ce prix est certifié par un agent de change ou par deux commerçants: cette condition est essentielle; il ne serait pas dû de rechange si elle n'avait pas été accomplie (art. 186).

Le rechange se règle, à l'égard du tireur, par le cours du change du lieu où le billet à ordre était payable, sur le lieu où il a été souscrit (art. 179).

Le législateur ajoute ensuite que le rechange se règle, à l'égard des endosseurs, par le cours du change du lieu où le billet a été remis ou négocié par eux sur le lieu où le remboursement s'effectue, ce qui est une erreur évidente; il faut, en effet, procéder en sens inverse, comme au premier cas prévu à l'égard du souscripteur.

Non-seulement le second certificat dont parle l'article 181 est inutile, mais la disposition qui l'exige tendrait à faire croire que le rechange qu'il a pour but de constater, est celui auquel a droit le porteur faisant retraite sur un endosseur; or, ceci n'est pas vrai.

Les rechanges ne se cumulent pas, et chaque endosseur n'en supporte qu'un, ainsi que le souscripteur (art. 183), ce qui veut dire qu'en cas de plusieurs retraites successives, en remontant du porteur au souscripteur du billet non payé, le porteur seul ne supporte aucun rechange, étant remboursé par l'endosseur sur lequel il tire, du rechange qu'il paie et qui est compris dans le compte de retour (art. 181). Ensuite cet endosseur, qui se rembourse de ce rechange au moyen de la nouvelle retraite qu'il fournit sur son garant, supporte, sans indemnité, celui qu'il paie pour négocier sa traite sur ce garant, et ainsi de suite jusqu'au souscripteur, lequel ne paie que le rechange de la première retraite, compris dans le compte de retour. (Voyez la savante dissertation sur ce sujet, insérée, par le professeur de Droit commercial de cette Faculté, dans la *Tribune provinciale*, Ire année, 1836-1837, tome Ier)

Ce système, qui est une dérogation au Droit civil (C. civ., art. 1142) sur les dommages et intérêts résultant de l'inexécution des obligations, consacre une véritable injustice; car le souscripteur devrait supporter, en dernière analyse, tous les rechanges.

Il ne peut être fait plusieurs comptes de retour sur le même billet, sauf à chacun des endosseurs qui est forcé d'acquitter une retraite, d'en tirer une à son tour sur son endosseur immédiat.

On peut envoyer le compte de retour et les autres pièces pour être présentées à celui qui doit les rembourser; mais, par un privilége tout spécial, on peut fournir directement une lettre de change sur le souscripteur.

La retraite n'étant qu'un moyen accordé au porteur de se procurer de l'argent avant l'effet des poursuites, il s'ensuit qu'il n'est point dispensé de les continuer; mais elles cesseraient à l'instant, si la retraite était acquittée.

Enfin, le droit de faire une retraite ne dépend pas du porteur au moment de l'échéance, en sorte que, s'il n'en use pas et qu'il se fasse rembourser par un endosseur, sans retraite, celui-ci ne puisse employer ce mode de remboursement contre les autres garants.

JUS ROMANUM.

De traditione.

I.

Emptio - venditio est contractus synallagmaticus, consensualis, bonæ fidei, juris gentium, quo fit ut emptor rem certam pro certo pretio habere liceat.

II.

Venditoris inprimis est, ut emptori tantummodo vacuam pacatamque rei possessionem transmittat, non autem dominium, illumque contra omnem evictionem tueatur.

III.

Non liberatur venditor offerendo id quod interest, econtra emptor petere potest quod interest, si traditio non facta fuerit culpa venditoris.

IV.

Duæ surgunt ex hoc contractu actiones directæ, *empti* et *venditi.*

V.

Actio empti ad emptorem pertinet, qui jam ex sua parte contractus conditiones implevit, adversus venditorem, sicut et adversus hæredem, ut rem venditam cum fructibus et accessoriis transferat.

VI.

Datur traditio, vera, ficta, symbolica, brevi manu, constitutum possessorium, etc.

VII.

Nequit agere emptor ad traditionem, nisi exhibeatur pretium.

VIII.

Exceptione rei venditæ non traditæ objecta venditori, is non recte agit repetendo pretium.

IX.

Si pretium non solvitur, aut satisfactio aliove modo non præstatur, nequidem res tradita fiat recipientis, nisi fidem emptoris secutus sit venditor.

X.

Cum emptio rei certæ jam perfecta fuerit, periculum rei nondum traditæ ex parte emptoris est. Licet enim venditor ante traditionem dominus remaneat, fit etiam debitor speciei certæ, cujus interitu fortuito liberatur.

XI.

Hìc excipiuntur, 1.° precedente dolo seu culpa saltem levi ex parte venditoris; ut enim ex hoc contractu utriusque par commodum et incommodum sequatur, utraque pars etiam ad culpam levem tenetur; 2.° si res ex antiquo vitio perierit; 3.° si venditæ sint res ad pondus, numerum, mensuram, non periclitantur pro emptore, nisi postquam res ponderatæ, numeratæ, mensæve sint; 4.° si res ad gustum vendita, nondum degustata perierit.

XII.

Si, v. g., aufugerit servus quem vendidisti, aut subreptus fuerit, ita ut neque dolus neque culpa ex parte venditoris intersit, tunc requirendum est utrum hic custodiam ejus usque ad traditionem in se susceperit. Sane enim, si susceperit, ad ipsius periculum hic casus pertinet. Sin aliter, securus est. Idem et in cæteris animalibus cæterisque rebus intelligimus.

XIII.

Tandem venditor vendicationem et condictionem rei exhibere tenetur emptori; qui enim rem nondum tradidit, adhuc ipse rei dominus est.

FINIS.

www.ingramcontent.com/pod-product-compliance
Lightning Source LLC
Chambersburg PA
CBHW061709060726
47597CB00006B/2262